Dein
inneres Licht

Licht ist seit Jahrhunderten ein Symbol für Geborgenheit, Energie und Wärme. Im Yoga wird auch vom Inneren Licht geredet, das wir alle in uns haben, das uns wärmt und uns Energie gibt. Dieses Bild kannst du nutzen: Setze dich an einen ruhigen Ort und spüre in dich hinein. Suche nach deinem Ruhepol. Stell dir dabei das helle Licht in dir bildlich vor. Atme tief ein und aus und spüre das sinnbildliche Feuer in dir.

MACHE DIESE ÜBUNG, WENN DU DICH UNSICHER ODER KRAFTLOS FÜHLST.

Mein Tagesmotto

Jeden Tag gibt es gute und schlechte Momente. Oft können wir sie nicht ändern, aber wir können anders mit ihnen umgehen. Dafür hilft es, wenn du dir jeden Tag ein Motto überlegst. Das kann ein Mantra sein wie „Ich bin genug“, oder aber „Ich nehme mir die Zeit, die ich brauche“, oder, wenn es etwas humorvoller sein soll: „Perfekt aussehen muss man nur, wenn man sonst nichts kann.“

ÜBERLEGE DIR EINE WOCHE LANG JEDEN TAG EIN MOTTO, DAS DU DEN TAG ÜBER VERFOLGST.

Steine
der Dankbarkeit

Zu Selbstliebe gehört auch, für die kleinen Dinge dankbar zu sein, die du erlebst. Das kannst du mit dieser Übung trainieren: Nimm jeden Tag eine Hand voll bunter Kieselsteine in deiner Hosentasche mit. Wenn du etwas Schönes erlebst, nimmst du einen Stein heraus und steckst ihn in deine andere Hosentasche. Am Abend kannst du all die schönen Erlebnisse in Form von Kieselsteinen noch einmal aus der Erinnerung hervorrufen.

FÜHRE DIESE ÜBUNG EINE WOCHE LANG DURCH.

GRENZEN ZIEHEN – Grenzen halten

Gerne sagen wir ja. Ja zu anderen Menschen, ja zu Aufträgen – schließlich wollen wir gemocht werden. Häufig ist das auch in Ordnung. Aber wir müssen dabei aufpassen, dass wir selbst nicht zu kurz kommen. Wenn du also das nächste Mal um Hilfe gebeten wirst, halte kurz inne und überlege dir: Kannst du das schaffen, ohne deine eigene Energie zu verbrauchen? Wenn nicht, ist es auch völlig in Ordnung, nein zu sagen.

Halte einen Moment inne, bevor du Aufträge oder Bitten annimmst.

Die besten Helden sind nicht perfekt!

Der frühe Superman war immer freundlich, selbstlos, mutig und auch noch gut aussehend. Heute hingegen dominieren Antiheld*innen die Medien: Menschen, die feige sind oder egoistisch agieren. Denn sie liefern den Stoff für wirklich gute Geschichten. Sei also die Hauptperson deiner eigenen Geschichte! Und genieße alle deine imperfekten Eigenschaften, denn sie machen dich interessant!

Überlege dir, welche Eigenschaften dich auszeichnen, als Held*in deiner eigenen Geschichte.

Kunstwerk „Ich"

Nimm dich einmal aus einer anderen Perspektive wahr. Gestalte dazu ein Kunstwerk – von dir: das kann eine Collage sein, ein Bild, gestaltet aus deiner Unterschrift oder eine Geschichte, die sich ganz um dich dreht. Sammle dafür Momente oder Eigenschaften von dir und halte deine Identität kreativ fest. Alles beginnt mit dem ersten Strich!

Siehst du, wie einzigartig du bist?

Hobby
für Körper und Seele

Zu Selbstliebe gehört auch, den eigenen Körper und Geist in Einklang zu bringen. Dafür eignen sich besonders die Sportarten Tai-Chi oder Qigong. Deren Bewegungs- und Atemübungen tragen zu körperlicher und geistiger Entspannung bei. Denn das Chi oder Qi, das in den Namen beider Sportarten steht, drückt die Lebensenergie aus, die wir im Alltag nicht vernachlässigen dürfen.

BESUCHE EINEN SCHNUPPERKURS IN TAI-CHI ODER QIGONG.

Optimismus üben

In unserem Alltag fokussieren wir uns häufig auf negative Situationen. Versuche daher, deine Einstellung zu den Erlebnissen deines Tages zu verändern: Was war heute gut? Erzähle einem Freund oder einer Freundin von deinem Tag – aber nur das Positive! Merkst du, wie es dir dadurch besser geht? Und auch dein Gegenüber wird so leichter auf die guten Dinge in seinem Leben blicken.

SAMMLE POSITIVE MOMENTE UND ERZÄHLE VON IHNEN – SPRICH DAS GUTE LAUT AUS.

Haar in der Gedanken-Suppe

Im Lauf des Tages führen wir uns immer wieder unsere eigenen Fehler vor Augen. Versuche, dir das bewusst zu machen, indem du die innere Stimme, die für die Kritik verantwortlich ist, ganz bewusst beobachtest. Betrachte sie als eigene Persönlichkeit. Akzeptiere sie und akzeptiere auch, dass sie eine Meinung hat, die nicht der Wahrheit über dich entspricht. So kannst du sie leichter abschalten.

Gestalte deine innere Kritikerin z.B. mit einem Bild und mit typischen Sätzen, die du von ihr kennst.

NICHT AUFGEBEN,
Fehler zulassen!

Niemand ist perfekt. Viel wichtiger als gar keine Fehler zu machen ist, sie als Teil des Lernprozesses zu betrachten. Dafür brauchen wir Abstand zu dem Problem. Atme ein paar Mal tief durch, bevor du den Fehler betrachtest. Stelle dir dann vor, was das Worst Case Szenario wäre. Dabei ist wichtig, dass du dir auch überlegst, wie unwahrscheinlich dieser Fall ist. Das hilft dir, den Fehler zu relativieren und ihn korrigieren zu können.

Übe dich darin, Fehler zu akzeptieren und mit ihnen produktiv umzugehen.

Freundschaft mit dir selbst

Unsere Liebsten unterstützen wir, führen ihnen ihren Wert vor Augen. Doch bei uns selbst fällt uns das oft schwer. Hier kann ein Perspektivenwechsel helfen: Stelle dich abends vor den Spiegel und tue so, als sprächst du mit deiner besten Freundin oder deinem besten Freund. Worauf kannst du heute stolz sein? Lobe auch deine kleinen Leistungen.

PROBIERE DIESE ÜBUNG EINE WOCHE LANG AUS.

Trag doch, was du willst!

Wie oft trägst du eigentlich Kleidung, in der du dich schön oder mutig und geborgen fühlst? Wie wäre es, wenn du sie morgen anziehst? Genieße einen Moment lang das Gefühl, das dir deine ausgewählte Kleidung gibt, bevor du in deinen Tag startest. Versuche, das Gefühl über den Tag hinweg immer wieder hervorzurufen.

Ziehe morgen deine Lieblingskleidung an.

Mut zu eigenen Zielen

Viel zu oft orientieren wir uns an dem, was andere sich von uns erhoffen. Dabei müssen letztlich wir mit unseren Entscheidungen leben. Setze dich daher einmal an einen ruhigen Ort und überlege, was fünf wichtige Lebensziele von dir sind. Was willst du z.B. in deinem Beruf, in deiner Familie oder in deinem Freundeskreis erreichen? Versuche dabei, die gesellschaftliche Meinung außen vor zu lassen und horche einfach in dich hinein.

ERSTELLE DIR EIN MOODBOARD, AUF DEM DU DEINE LEBENSZIELE VISUALISIERST.

DU MUSST NICHT ALLES auf einmal schaffen

In unserer hektischen Zeit fühlen wir uns häufig überfordert durch neue Eindrücke oder Aufträge. Um deinem Gehirn einmal eine Pause davon zu gönnen, schreibe dir all deine Gedanken und To-dos auf. So kannst du sie aus deinem Kopf löschen. Dann suche dir gezielt einzelne Aufträge, die du heute ausführen möchtest. Dadurch arbeitest du nach und nach die Liste ab.

Erstelle eine To-do-Liste, mache jeden Tag nur einen Teil davon.

Musik gegen Stress

Musik beeinflusst unseren Körper. Sie kann den Blutdruck und die Muskelspannung senken. Außerdem wirkt sie sich positiv auf unsere Emotionen aus. Das kannst du nutzen, wenn du einmal traurig oder mit einer Situation überfordert bist. Pausiere, was du gerade tust, und wähle eine Musik, die du magst und die dich entspannt. Lass dich darauf ein und spüre, wie die Anspannung mit der Melodie mittanzt und dann loslässt.

Probiere diese Übung einen Monat lang aus.

Tanze dich locker

Bewegung tut gut. Sie hilft uns, Anspannungen abzubauen und schüttet Glückshormone aus. Nutze diesen positiven Effekt, indem du zu deiner Lieblingsmusik tanzt. Versuche dabei, richtig loszulassen. Du kannst auch vollkommen verrückt tanzen – schließlich beobachtet dich niemand dabei. Versuche einmal, total abgefahrene Bewegungen in deinem Tanz zu integrieren.

Tanze nur für dich – oder zusammen mit deiner besten Freundin.

ÜBUNG ZUR Selbstbestätigung

Jeder Mensch ist Kritik ausgesetzt. Mal können wir diese besser, mal schlechter annehmen. Mithilfe einer kleinen Übung kannst du deine Akzeptanz von Kritik verbessern. Überlege dir: Was ist dir besonders wichtig, und warum: Sportlichkeit, Humor, Kreativität oder etwas anderes? Wenn du dir das bewusst machst, verstehst du, wann Kritik dich besonders triggert.

Schreibe dir auf, welche Tätigkeiten und Werte dir so wichtig sind, dass du dich über sie definierst.

Positive Affirmationen für zwischendurch

Schreibe auf 4 Zettelchen diese Affirmationen:

Ich werde geliebt.
Ich bin genug: Denn ich bin gut, so wie ich bin.
Ich bin einzigartig.
Ich bin schön: innen und außen.

Stecke diese Zettelchen in deine Tasche. Wenn du betrübt bist, hole die Zettel hervor. Wähle den aus, der dir in diesem Moment gut tut und lies ihn dir immer wieder durch, bis du das Mantra in deinem Kopf wiederholen kannst.

FÜHRE DIESE ÜBUNG EINE WOCHE LANG DURCH.

Mikro-Erfolgserlebnisse

Es kann sehr frustrierend sein, wenn in der Arbeit einmal die Erfolgserlebnisse ausbleiben. Dagegen hilft es, dich umzuorientieren: Auch durch Hobbies kannst du deinen Selbstwert boostern. Und da gilt alles, vom Beenden eines guten Buches über Kochen bis hin zu einer neuen Sportübung. Selbst ein kleiner Erfolg setzt Dopamin frei und hilft, dass du deine alltäglichen Tätigkeiten wieder mehr schätzt.

ÜBE EINEN MONAT EIN HOBBY AUS. FEIERE DABEI DEINE ALLTÄGLICHEN ERFOLGSERLEBNISSE.

Perfektionismus: Segen und Fluch zugleich

Unsere Welt drängt uns zu Perfektionismus. Denn positiver Perfektionismus hilft uns, unsere Fähigkeiten zu verbessern. Wenn der Perfektionismus allerdings schädlich wird, wirkt er wie ein Druck: Anstatt deine Erfolge wahrnehmen zu können, siehst du dann nur noch, was du nicht erreicht hast.

Besinne dich immer wieder darauf zurück, was du geschafft hast, und nicht, was du noch nicht erreicht hast.

Authentizität

Es ist manchmal gar nicht so leicht, sich selbst offen zu zeigen. Lieber verzerren wir das Bild von uns ein wenig. Mache dir bewusst, in welchen Momenten du das Bild von dir am häufigsten verzerrst. Ist es in der Arbeit, auf Dates oder bei Familienfeiern? Versuche einmal, mutig zu sein und dich zu zeigen, ohne dich zu verstellen. Dabei merkst du erst, wie viele Menschen dich so mögen, wie du bist.

ÜBE DICH DARIN, IMMER DU SELBST ZU BLEIBEN.

Speed-Dating mit dir selbst

Stell dir vor, du bist auf einem Blind Date. Mache dir beispielsweise ein leckeres Essen, das du genießen kannst. Dann führe ein Gespräch mit dir selbst und erzähle in wenigen Minuten über dich. Wie würdest du dich beschreiben? Was sind deine tollen Seiten, die dein Date kennen sollte? Worüber kannst du vielleicht lachen, was ist dir besonders wichtig? Dabei merkst du, wie facettenreich und einzigartig du bist.

Mache einen Speed-Dating-Abend mit dir selbst.

Selbstliebe geht durch den Magen!

Ein wichtiges Hormon für soziale Bindungen ist Oxytocin, das ‚Kuschelhormon'. Das lässt sich durch Hautreize wie eine Massage oder sogar durch Komplimente auslösen. Doch hättest du gedacht, dass auch leckeres Essen Oxytocin positiv beeinflussen kann? Besonders eiweißreiche Nahrungsmittel wie Sojabohnen, Nüsse oder auch Kürbisse tragen hierzu bei. Denn gutes Essen hilft, dass wir uns geborgen und wohl fühlen.

Bereite dir einmal in der Woche ein leckeres Wohlfühlessen nur für dich zu – z. B. am nächsten Sonntag.

LIEBE NACHRICHTEN
für dein Selbstbild

Jeder Mensch hat ein Bild von sich. Doch oft tendieren wir dazu, besonders hart über uns selbst zu urteilen. Frage daher doch mal Menschen, die dir wichtig sind, welche fünf positiven Eigenschaften sie dir zuweisen würden. Notiere dir das am besten auf einem Plakat. Wann immer du an dir zweifelst, kannst du es ansehen und damit dein eigenes Selbstbild wieder ins Positive korrigieren.

Erstelle ein Plakat mit deinen einzigartigen Eigenschaften.

Alles Liebe
aus dem Urlaub

Es ist immer schön, liebe Grüße zu bekommen – sei es zum Geburtstag oder einfach so. Anstelle eines Tagebucheintrags schreibe daher in deinem nächsten Urlaub eine liebe Postkarte an dich selbst. Erzähle von deinen Erlebnissen und deinen Gefühlen. So kannst du einerseits den Moment bewusst erleben und dich andererseits noch einmal dorthin zurückträumen, wenn du aus dem Urlaub kommst und deine Karte zu Hause vorfindest.

SCHREIBE DIR SELBST EINEN LIEBEN URLAUBSGRUSS.

Zurück in die Zukunft per Brief

Gedanken aufzuschreiben hilft, sie zu fixieren. Schreibe also einmal einen Brief an dein zukünftiges Ich. Beschreibe darin dein aktuelles Leben, deine Ziele und Träume. Schreibe aber auch, was du alles schon erlebt hast. Wenn du den Brief später einmal öffnest, kannst du deine Situationen vergleichen und sehen, wie weit du in deinem Leben bereits gekommen bist.

Schreibe einen Brief an dein Zukunfts-Ich.

MIKROPAUSEN UND MINIPAUSEN vom Alltag

Niemand kann sich dauerhaft konzentrieren. Aber schon kurze Pausen von wenigen Sekunden (Mikropausen) bis Minuten (Minipausen) sind als wirksam anerkannt, denn sie fördern Kreativität und schützen vor Burnouts. Du kannst sie nutzen, um im stressigen Alltag wieder mehr zu dir selbst zu finden: Verteile kurze Momente der Pause über den ganzen Tag, genieße z. B. ganz in Ruhe und achtsam einen gesunden Snack.

Mache eine Woche lang pro Tag mindestens 5 Mikro- oder Minipausen.

Kenne deine Grenzen - benenne deine Grenzen

Im Alltag sollten wir unsere Kräfte einteilen und auch wieder aufladen können, bevor sie ganz aufgebraucht sind. Mache dir dafür am besten einmal am Tag eine Liste mit den Dingen, die du dir für heute vorgenommen hast, und überlege, wie viel Kraft sie kosten. Hast du noch Kapazitäten für mehr? Wenn nicht, ist es auch völlig in Ordnung, deine eigenen Grenzen zu respektieren.

MACHE DIESE ÜBUNG EINE WOCHE LANG.

Mikropause für das Körpergefühl

Kleine Pausen von wenigen Sekunden helfen dir, deinen Körper besser wahrzunehmen. Wenn du merkst, dass du nicht mehr produktiv bist, halte einen Moment inne und schließe die Augen. Spanne für wenige Sekunden deine Muskeln an und lasse danach ganz bewusst locker. Wiederhole die Übung dreimal, bis du spürst, wie du dich entspannst.

Probiere diese Übung an deinem nächsten Arbeitstag aus.

Tageshighlights und To-dos

Hast du auch das Gefühl, dass du nie genug Zeit hast, weder im Job noch im Alltag? Dann kann das Prinzip des Highlight-Setzens dir helfen: Suche dir jeden Tag eine Aufgabe oder einen Termin aus, der am dringendsten und wichtigsten ist. Nutze deine Zeit, um ihn gezielt vorzubereiten. Das muss kein Arbeitstermin sein: Auch einen Abend mit Freunden darfst du genießen.

Nutze die Highlight-Methode eine Woche lang.

Die Zonen deines Lebens

Wir Menschen richten unser Leben gerne darauf aus, uns sicher und geborgen zu fühlen. In der Psychologie spricht man vom Leben in der Komfortzone. Doch dort haben wir keine Möglichkeit, Neues zu lernen. Erstelle dir daher eine Grafik aus Kreisen, in deren Mitte deine Komfortzone liegt. Was beinhaltet sie? Was liegt außerhalb, das du vielleicht trotzdem gerne mal ausprobieren würdest?

ERSTELLE DIR DIESE GRAFIK, UM AUCH MAL AUS DEINER KOMFORTZONE AUSZUBRECHEN.

Der Reiz des Unbekannten

Aus deinem Alltag auszubrechen, erfordert manchmal gehörigen Mut. Aber gerade das kann auch ein tolles Gefühl sein. Überlege dir, was du schon immer mal in deinem Alltagsleben machen wolltest, dich aber nie getraut hast – das kann auch ein spannendes neues Hobby sein. Es muss keine Weltreise werden – wichtig ist, dass du dir bewusst die Zeit nimmst, es anzugehen, und dich über deinen Erfolg freust.

Suche dir ein Tagesziel – einen neuen Ort, den du besuchst, oder ein Hobby, das du probieren willst.

Du bist dein Richtwert

In den sozialen Medien scheint das Leben anderer immer so viel besser, ihre Fähigkeiten so viel besonderer als die eigenen. Doch was hast du schon alles geschafft in deinem Leben? Sei ehrlich mit dir – denn du hast schon mehr erreicht, als dir im ersten Moment vielleicht bewusst ist.

Notiere dir deine Stärken sowie Ängste, die du bezwungen hast.

Spiegel-Ich

Dich selbst zu lieben heißt, dich zu akzeptieren,
wie du bist, einschließlich deines Körpers.
Stell dich dazu vor den Spiegel und betrachte dich.
Was siehst du? Kannst du Teile von dir, innere
oder äußere, benennen, die du magst?
Wenn dir das noch schwerfällt, stelle dir vor,
die Person im Spiegel ist eine Freundin.
Was würdest du an ihr loben?

FÜHRE DIESE ÜBUNG IN DER FRÜH VOR DEM
EIGENTLICHEN START DES TAGES AUS.

Emotionale Balance

Zu Selbstliebe gehört auch, deine Emotionen zuzulassen, um sie besser begreifen zu können. Das klingt im ersten Moment vermutlich verunsichernd, ist aber wichtig. Denn nur so kannst du deine Emotionen und dich verstehen. Beobachte dabei genau: In welchen Situationen reagierst du überraschend? Warum ist das so? Erst wenn du deine Emotionen erkennst, kannst du sie loslassen.

BEOBACHTE EINE WOCHE LANG DEINE EMOTIONEN.

Energie aus der Natur

Es gibt viele verschiedene Möglichkeiten, Energie zu regenerieren und den Blutdruck zu senken. Ein universeller Kraftgeber ist die Natur, zum Beispiel bei einem Spaziergang – im Wald, am See oder in den Bergen. Nimm die Natur um dich ganz bewusst wahr: die Gerüche, die Geräusche, die Farben. Atme tief durch und spüre, wie du dich entspannst und mehr Energie für dich und deine Aufgaben erhältst.

Mache einen Ausflug in die Natur.
Spüre dabei in dich hinein.

Achtsamer Body Scan

Achtsamkeit bedeutet, jeden Moment ganz bewusst wahrzunehmen. Das kann uns dabei helfen, mehr zu uns selbst und unserem Körper zu finden. Bei der Übung des Body Scan suchst du dir eine bequeme Sitzposition. Dann gehst du wie bei einem Scan gedanklich einmal durch deinen Körper hindurch und spürst all deine Körperteile. Nimm Anspannungen, Gefühle der Haut und Muskeln wahr.

Mache diese Übung eine Woche lang täglich.

LÄCHLE – UND DIE WELT lächelt mit dir

Lächeln ist das beste Make-up, das du tragen kannst. Bestimmt hast du diesen Spruch schon einmal gehört oder gelesen. Und er hat recht! Denn Lächeln wirkt. Musstest du nicht auch schon einmal lächeln, wenn jemand anderes gelächelt hat? Die Spiegelneuronen in unserem Gehirn sorgen dafür, dass wir auf Emotionen anderer reagieren. Und wenn wir selbst lächeln, signalisiert das unserem Gehirn, dass wir fröhlich sind.

Lächle einen Tag lang alle an, die dir auf dem Flur oder auf deinem Arbeitsweg begegnen.

Gedanken loslassen

Wir haben täglich tausende Gedanken, davon sind viele negativ. Doch in unserem Alltag kann das unpraktisch sein. Eine kleine Übung hilft dir, loszulassen: Schließ die Augen und stell dir vor, deine Gedanken sind ein buntes Herbstblatt. Du betrachtest es einen Moment, dann lässt du es frei. Der Wind trägt es und damit all die negativen Gedanken fort, du siehst sie immer kleiner werden und schließlich in der Ferne verschwinden.

MACHE EINMAL AM TAG, Z.B.
IN DER MITTAGSPAUSE,
DIESE ÜBUNG.

Sich selbst umarmen

Eine Umarmung ist etwas Wundervolles. Sie trägt zu Entspannung, Trost und Selbstsicherheit bei durch die Freisetzung des ‚Kuschelhormons' Oxytocin. Es hilft sogar, wenn du dir selbst eine Umarmung gibst. Niemand weiß schließlich besser als du, wie fest oder lang du umarmt werden willst. So baust du Vertrauen zum wichtigsten Menschen auf: dir selbst. Nebenbei entspannst du dich.

Umarme dich einmal am Tag selbst. Mache diese Übung einen Monat lang.

Vertraue dir!

Eine beliebte Vertrauensübung für Gruppen besteht darin, sich fallen und von seinem Gegenüber auffangen zu lassen. Doch wer sagt denn, dass das nicht auch für dich alleine funktioniert? Du kannst beispielsweise einmal den Sprung von einem Sprungturm im Schwimmbad wagen. Wähle die Höhe so, dass du deinem Körper vertrauen kannst, während des Sprungs dein wichtigster Schutz und dein stabiler Partner zu sein.

SPRINGE INS WASSER UND SPÜRE DABEI DIE KRAFT UND SICHERHEIT DEINES EIGENEN KÖRPERS.

Selbstbewusst-Stein

Suche auf deinem nächsten Spaziergang einen Stein. Lege ihn in deine Hand, spüre ihn. Stell dir vor, wie du mit ihm dein Selbstbewusstsein in der Hand hältst. Das können besondere Eigenschaften oder Fähigkeiten sein, die dich auszeichnen. Wann immer du nun an dir zweifelst, denk an den Stein, und spüre, wie das Selbstbewusstsein, das du dank deiner wunderbaren Eigenschaften haben darfst, auf dich übergeht.

Suche dir einen Selbstbewusst-Stein.

Meditation
für die Selbstliebe

Oxytocin, das Bindungshormon, ist ein wichtiger Faktor für zwischenmenschliche Beziehungen - aber sogar noch mehr als das: denn als Hormon, das Entspannung und Wohlbefinden steigert, ist es auch für deine Selbstliebe wichtig. Um es zu stärken, gibt es viele kleine Möglichkeiten. Auch eine Meditation zählt hierzu, denn sie stärkt durch das Gefühl des In-sich-Ruhens die Verbindung zu dir selbst. Probiere es doch einfach mal aus.

MEDITIERE EINE WOCHE LANG JEDEN TAG EINE HALBE STUNDE.

Rette deine eigene Haut – MIT WELLNESS

Die Haut ist unser größtes Organ, sie ist ständig neuen Reizen ausgesetzt. Das kann sie leicht auslaugen, was sich wiederum auch auf unsere Psyche auswirkt. Dich selbst zu lieben heißt damit auch, auf deine Haut aufzupassen. Du kannst ihr einmal etwas Gutes tun; das kann ein schönes Bad sein, aber auch eine Massage. Sei kreativ, überrasche deine Haut und dich selbst und achte darauf, dass es sich einfach schön und entspannt anfühlt.

Nimm eine Auszeit, bei der du dich ganz auf deine Haut fokussierst.

Alleine-Zeit genießen

Was viele Menschen unterschätzen, ist die Anstrengung, die es zuweilen erfordert, Zeit mit sich selbst zu verbringen. Dabei ist es wichtig, auf sich selbst zu hören. Versuche daher, dir täglich eine halbe Stunde Zeit zu nehmen, in der du etwas nur für dich tust. Du sollst dich dabei wohlfühlen. Lass alle negativen Gedanken los, die dich daran hindern, diese Zeit zu genießen.

Mache diese Übung eine Woche lang.

Schreiben für emotionale Achtsamkeit

Eine weitere Übung, um deine Emotionen besser zu begreifen, ist das Schreiben. Dabei kann es helfen, wenn du gleich nach dem Aufstehen damit beginnst. Schreibe ganz intuitiv auf, was dir in diesem Moment in den Kopf kommt, unbeeinflusst von den Geschehnissen des Tages. Zensiere dich dabei nicht – du willst schließlich damit erreichen, dich selbst besser zu verstehen.

Schreibe einen Monat lang jeden Morgen für wenige Minuten deine Gedanken in ein Notizbuch.

Mutig gegen Angst

An sich hat jede Angst eine Berechtigung, denn sie warnt vor Gefahren. Aber wenn sie uns einschränkt, indem wir uns klein und schwach fühlen, ist es wichtig, sie genauer zu betrachten. Was ist deine größte Angst? Versuche, sie auf ein Blatt Papier zu bringen. Dann betrachte sie aus einem anderen Blickwinkel: Wenn deine Angst einen Körper hätte, wie könntest du dich ihr entgegenstellen?

Hier kann eine geprüfte Fachperson hilfreich sein!

Tracke deine Erfolge

Jeden Tag haben wir Erfolge, kleine und größere. Um sie auch wahrzunehmen, hilft es, am Ende des Tages all diese Erfolge zu notieren: Hast du heute etwas erreicht, das du nicht von dir erwartet hättest, oder etwas Neues erlebt? Es reicht schon, wenn du heute einmal für deine Meinung eingestanden bist – denn das alles sind Lernerfahrungen, die dich stärken.

FÜHRE EIN TAGEBUCH ZU MOMENTEN, IN DENEN DU STOLZ AUF DICH SEIN KONNTEST.

Glas

für gute Erinnerungen

Suche dir ein schönes Glas, das kann zum Beispiel ein Marmeladenglas sein, das du nach Belieben verzierst. Dieses Glas soll nun deine schönen Erinnerungen sammeln: Immer, wenn du etwas erlebst, das dich glücklich oder stolz macht, schreibe es auf einen Zettel und stecke ihn in dein Glas. Wenn es dir mal nicht gut geht, kannst du einen Zettel aus dem Glas ziehen und dich an die schönen Momente erinnern.

BASTLE DEIN EIGENES GLAS FÜR GUTE ERINNERUNGEN.

Von Fomo zu Jomo

Kennst du das, immer wieder bei Aktivitäten mitzumachen, obwohl deine Kraftreserven eigentlich aufgebraucht sind? Weil du Sorge hast, etwas zu verpassen? Dann probiere doch mal, das umzukehren. Im Gegensatz zu FOMO (Fear of missing out) beschreibt JOMO (Joy of missing out) die Freude, einfach mal bei etwas nicht mitzumachen – und sich dafür selbst in den Mittelpunkt zu stellen.

Sage einmal im Monat eine Aktivität ab und tue stattdessen etwas nur für dich.

Wir von GROH wollen die Welt ein bisschen verschönern – mit liebevollen Geschenken, die glücklich machen.

GROH.DE

@die_geschenkverlage

Bildnachweis: the8monkey/stock.adobe.com
Cover und Layout: Vanessa Urban
Satz: Petra Schmidt Grafik Design
Gesamtherstellung: Printfactory, Istanbul

Jede Woche etwas Neues wagen – 50 Impulse für mehr Selbstliebe
GTIN 978-3-8485-0304-9

www.groh.de

MIX
Papier | Fördert gute Waldnutzung
FSC® C130076
www.fsc.org

4 5 6 7 8